Zarathustra

Der Autor **James Freeman Clarke** war ein unitarischer Prediger, Gründer einer Kirchengemeinde in Boston und Schriftsteller. Er gehörte zum Kreis der Transzendentalisten und galt zu seiner Zeit als einer der führenden Intellektuellen und Reformer Neu-Englands.

Über das Buch:

Zarathustra gilt als der geistige Begründer des Zoroastrismus und wird als iranischer Prophet beschrieben, der eine religiöse Bewegung gründete, die die bestehenden Traditionen der alten iranischen Religion infrage stellte und eine Bewegung auslöste, die schließlich zu einer der wichtigsten Religionen im alten Iran wurde. In der zoroastrischen Literatur wird Zarathustra als weiser Mann und Lehrer dargestellt, der die Menschen ermutigt, sich von der Tradition zu lösen und einen neuen Weg zu finden. Er war zudem ein erleuchteter Mann und mutiger Pionier, der die Menschen dazu aufforderte, die Verantwortung für ihr eigenes Leben zu übernehmen und sich nicht länger auf die Tradition zu verlassen. Zarathustra fürchtete sich nicht, den aufgezwungenen Autoritäten zu trotzen und einen eigenen Weg zu wählen. Sein Mut soll allen, die sich nicht unterordnen und ihr Schicksal selbst entscheiden möchten, als Beispiel dienen. Möglicherweise haben sich die heutigen Frauen im Iran Zarathustra mit seinem Mut als Vorbild genommen.

Zarathustra

und die heilige Schrift
Zend Avesta

von

James Freeman Clarke

Neuübersetzung 2022

ToppBook Wissen Bd. 48

Bibliografische Information der Deutschen Nationalbibliothek:
Die Deutsche Nationalbibliothek verzeichnet diese Publikation in der
Deutschen Nationalbibliografie; detaillierte bibliografische Daten
sind im Internet über dnb.dnb.de abrufbar

Herstellung und Verlag: BoD – Books on Demand, Norderstedt

ISBN: 978-3-7568-5180-5

Inhaltsverzeichnis

§ 1. Ruinen des Palastes von Xerxes in Persepolis.

Im südwestlichen Teil Persiens liegt das liebliche Tal von Schiraz, in der Provinz Farsistan, dem antiken Persis. Während des langen Frühlings und Sommers sind die Ebenen mit Blumen bedeckt, die Luft ist voller Duft, und die Melodie der Vögel, der Winde und des Wassers erfüllt das Ohr. Die Felder sind mit Getreide bedeckt, das im Mai reift; die Trauben, Aprikosen und Pfirsiche sind feiner als die in Europa. Die Nachtigall (oder der Bulbul) singt süßer als anderswo, und der Rosenstrauch, das Nationalsymbol Persiens, wächst zur Größe eines Baumes heran und wird von seinen üppigen Blüten beschwert. Die Schönheit dieser Gegend und die Anmut der Frauen von Schiraz erweckten das Genie von Hafiz und Saadi, den beiden großen Lyrikern des Ostens, die beide hier wohnten.

An einem Ende dieses Tals, in der Vertiefung einer von felsigen Hügeln gebildeten Sichel, dreißig Meilen nordwestlich von Schiraz, steht eine riesige Plattform, fünfzig Fuß hoch über der Ebene, teils aus dem Berg selbst herausgehauen, teils aus grauen Marmorblöcken von zwanzig bis sechzig Fuß Länge aufgebaut, die so schön zusammengefügt sind, dass die Fugen kaum zu erkennen sind. Diese Plattform ist etwa vierzehnhundert Fuß lang und neunhundert Fuß breit, und ihre Seiten zeigen die vier Himmelsrichtungen. Der Aufstieg von der Ebene erfolgt über Marmortreppen, die so breit und leicht sind, dass eine Prozession zu Pferd sie hinaufsteigen könnte. Über diese gelangt man zu einem Podest, auf dem zwei kolossale, aus großen Marmorblöcken gemeißelte

Figuren wie Wächter stehen. Das eine Horn auf der Stirn scheint Heeren auf das Einhorn hinzuweisen; die mächtigen Gliedmaßen, deren Muskeln mit der Präzision des griechischen Meißels gemeißelt sind, veranlassten Sir Robert Porter zu der Annahme, dass sie die heiligen Stiere der magischen Religion darstellten; während die feierliche, halbmenschliche Ruhe der Gesichtszüge eine symbolische und übernatürliche Bedeutung nahelegt. Vorbei an diesen Wächtern, die seit Jahrhunderten ihre einsame Wache halten, geht es über weitere Treppenstufen hinauf zur Spitze der Terrasse. Dort stehen einsam und schön einige gigantische Säulen, deren hohe kannelierte Schäfte und elegant geschnitzte Kapitelle zu einer unbekannten Ordnung der Architektur gehören. Mit einer Höhe von fünfzig oder sechzig Fuß und einem Umfang von zwölf oder fünfzehn Fuß trugen sie zusammen mit einer Vielzahl anderer Säulen einst das jetzt eingestürzte Zederndach, dessen Balken sich von Kapitell zu Kapitell erstreckten und das die versammelte Menge vor der heißen Sonne Südasiens schützte. Entlang der edlen oberen Treppe sind Reihen von geschnitzten Figuren zu sehen, die an Ihrer Seite aufzusteigen scheinen. Sie stellen Krieger, Höflinge, Gefangene, Männer aller Nationen dar, unter denen man leicht den Neger aus dem Zentrum Afrikas erkennen kann. Es gibt viele Inschriften in jener seltsamen, pfeil- oder keilförmigen Schrift, die zu den ältesten und schwierigsten überhaupt gehört und die, nachdem sie lange Zeit die europäischen Gelehrten verblüfft hat, nun endlich der Wissenschaft und dem Scharfsinn des heutigen Jahrhunderts unterworfen wurde. Eine der Inschriften, die von diesen Mauern kopiert wurden, wurde von Grotefend wie folgt gelesen:-

"Darius der König, König der Könige, Sohn des Hystaspes, Nachfolger des Weltherrschers Djemchid".

Eine andere:-

"Xerxes der König, König der Könige, Sohn des Königs Dareios, Nachfolger des Weltenherrschers".

In jüngerer Zeit wurden weitere Inschriften entziffert, von denen eine von einem anderen deutschen Orientalisten, Benfey, wie folgt wiedergegeben wird:-

"Ahura-Mazda (Ormazd) ist ein mächtiger Gott; er hat die Erde, den Himmel und die Menschen erschaffen; er hat den Menschen Ruhm gegeben; er hat Xerxes zum König gemacht, zum Herrscher über viele. Ich, Xerxes, König der Könige, König der Erde in der Nähe und in der Ferne, Sohn des Darius, ein Achämenide. Was ich hier getan habe und was ich anderswo getan habe, habe ich durch die Gnade von Ahura-Mazda getan."

An anderer Stelle:-

"Artaxerxes, der König, hat erklärt, dass dieses große Werk von mir vollbracht wurde. Mögen Ahura-Mazda und Mithra mich, mein Gebäude und mein Volk beschützen."

Hier befand sich also der Palast von Darius und seinen Nachfolgern Xerxes und Artaxerxes, die für ihre Eroberungen berühmt waren, von denen einige an diesen Wänden aufgezeichnet sind, und die ihre siegreichen Waffen nach Indien im Osten und nach Syrien und Kleinasien im Westen trugen, aber noch berühmter für ihre Niederlagen bei Marathon und Thermopylen. An der Seite dieser Säulen saßen die großen Könige Persiens, die Botschaftern aus fernen Ländern Audienz gewährten. Hier saß vielleicht Cyrus selbst, der Gründer der persischen Monarchie, und erteilte den Befehl zum Wiederaufbau Jerusalems. Hierher könnte der Sohn des Xerxes, der Ahasveros der Heiligen Schrift, die schöne Esther aus Susa gebracht haben. Denn dies ist das berühmte Persepolis, und auf jenen erhöhten Plattformen, von denen heute nur noch ruinöse Steinhaufen übrig sind, stand jener andere Palast, den Alexander in seinem Rausch dreihundertdreißig Jahre vor Christus verbrannte. "Einsam in ihrer Lage, eigenartig in ihrem Charakter", sagt Heeren, "erheben sich diese Ruinen über die Flut der Jahre, die alle Zeugnisse menschlicher Größe um sie herum überwältigt und alle Spuren von Susa und Babylon begraben hat. Ihr ehrwürdiges Altertum und ihre majestätischen Proportionen gebieten nicht mehr Ehrfurcht, als das Geheimnis ihrer Konstruktion die Neugier des unaufmerksamen Betrachters erweckt. Säulen, die keiner bekannten architektonischen Ordnung angehören, Inschriften in einem Alphabet, das nach wie vor ein Rätsel darstellt, Fabeltiere, die als Wächter am Eingang stehen, die Vielzahl allegorischer Figuren, die die Wände schmücken, - all das führt uns zurück in Zeitalter des fernsten Altertums, über die die Überlieferungen des Ostens ein zweifelhaftes und schwankendes Licht werfen."

Diodorus Siculus berichtet, dass sich in Persepolis an der Wand des Berges die Gräber der Könige von Persien befanden und dass die Särge mit Seilen an der Felswand hinaufgezogen werden mussten. Und Ktesias erzählt uns, dass "Darius, der Sohn des Hystaspes, sich zu Lebzeiten auf dem Doppelberg ein Grab vorbereiten ließ, und dass seine Eltern mit Seilen hinaufgezogen wurden, um es zu sehen, aber stürzten und getötet wurden." Genau diese Gräber sind noch heute an der Bergwand hinter den Ruinen zu sehen. Die Figuren der Könige sind über ihnen eingemeißelt. Einer steht vor einem Altar, auf dem ein Feuer brennt. Eine Kugel, die die Sonne darstellt, befindet sich über dem Altar. Über dem Bildnis des Königs hängt in der Luft eine geflügelte Halbfigur in schwächeren Linien, die dem König ähnelt. An anderen

Stellen sieht man ihn mit einem geflügelten Tier wie einem Greif ringen.

All dies deutet auf die große iranische Religion hin, die Religion Persiens und seiner Monarchen seit vielen Jahrhunderten, die Religion, deren großer Prophet Zarathustra war und deren heiliges Buch das Avesta ist. Der König, als Diener Ormazds, verehrt das Feuer und die Sonne, Symbole des Gottes; er widersteht dem unreinen Greif, dem Geschöpf Ahrimans; und die Halbfigur über seinem Kopf ist der sicherste Beweis für die Religion Zarathustras. Denn nach dem Avesta hat jedes geschaffene Wesen sein Urbild oder Fereuer (Ferver, Fravashis), das sein ideales Wesen ist, das zuerst durch den Gedanken des Ormazd geschaffen wurde. Sogar Ormazd selbst hat seine Fravashis, und diese engelhaften Essenzen sind überall Objekte der Verehrung für den Jünger Zarathustras. Wir haben also in Persepolis nicht nur den Palast der großen Könige von Persien gefunden, sondern auch die Heimat des ältesten Systems des Dualismus, des Systems von Zarathustra.

§ 2. Griechische Berichte über Zarathustra. Plutarchs Beschreibung seiner Religion.

Aber wer war Zarathustra, und was wissen wir über ihn? Er wird von Plato erwähnt, etwa vierhundert Jahre vor Christus. Wenn er über die Erziehung eines persischen Prinzen spricht, sagt er, dass "ein Lehrer ihn in der Magie des Zarathustra, des Sohnes (oder Priesters) von Ormazd (oder Oromazes), unterrichtet, in der die gesamte Götterverehrung enthalten ist." Er wird auch von Diodorus, Plutarch, dem älteren Plinius und vielen Schriftstellern der ersten Jahrhunderte nach Christus erwähnt. Die Verehrung der Magier wird von Herodot noch vor Platon beschrieben. Herodot berichtet sehr genau über das Ritual, die Priester, die Opfer, die Reinigungen und die Art der Bestattung, die von den persischen Magiern zu seiner Zeit, vierhundertfünfzig Jahre vor Christus, praktiziert wurden, und seine Schilderung stimmt eng mit den Praktiken der Pârsîs oder Feueranbeter überein, die heute noch an ein oder zwei Orten in Persien und Indien existieren. "Die Perser", sagt er, "haben keine Altäre, keine Tempel oder Bilder; sie beten auf den Gipfeln der Berge an. Sie beten den Himmel an und opfern der Sonne, dem Mond, der Erde, dem Feuer, dem Wasser und den Winden. " "Sie errichten keine Altäre und verwenden keine Trankopfer, Filets oder Kuchen. Einer der Weisen singt eine Ode über den Ursprung der Götter über dem Opfer, das auf ein Bett aus zartem Gras gelegt wird." "Sie haben große Ehrfurcht vor allen Flüssen und dürfen nichts tun, was sie verunreinigen könnte; wenn sie einen Leichnam begraben, legen sie ihn erst in die Erde, wenn er von einem Vogel oder Hund zerrissen wurde; sie bedecken ihn mit Wachs und legen ihn dann in die Erde." "Die Heiligen Drei Könige glauben, dass sie eine verdienstvolle Tat vollbringen, wenn sie Ameisen, Schlangen und Reptilien töten. "

Plutarchs Bericht über Zarathustra und seine Gebote ist sehr bemerkenswert. Er lautet wie folgt:-

"Manche glauben, es gebe zwei Götter, gleichsam zwei rivalisierende Handwerker, von denen sie den einen für den Schöpfer des Guten und den anderen für den des Bösen halten. Und einige nennen den besseren von beiden Gott und den anderen Dämon, wie Zoroastres, der Magier, von dem sie sagen, er sei fünftausend Jahre älter als die trojanische Zeit. Dieser Zoroastres nannte daher den einen von ihnen Oromazes und den anderen Arimanius und behauptete außerdem, dass der eine von ihnen von allem Vernünftigen am meisten dem Licht und der andere der Finsternis und der Unwissenheit gleicht, dass aber Mithras in der Mitte zwischen ihnen liegt. Aus diesem Grund nannten die Perser Mithras den Vermittler. Und sie erzählen, er habe die Menschen zuerst gelehrt, dem einen Gelübde und Dankopfer zu leisten und dem anderen Abwendungs- und Wildopfer zu bringen. Denn sie zerstoßen eine bestimmte Pflanze, die Homomy genannt wird, in einem Mörser und rufen Pluto und die Dunkelheit an; dann vermischen sie sie mit dem Blut eines geopferten Wolfes und bringen sie an einen bestimmten Ort, wo die Sonne niemals scheint, und werfen sie dort weg. Von den Pflanzen glauben sie, dass einige dem guten Gott gehören, andere wiederum dem bösen Dämon; und ebenso meinen sie, dass solche Tiere wie Hunde, Hühner und Seeigel dem Guten gehören, Wassertiere aber dem Bösen, weshalb sie denjenigen für glücklich halten, der die meisten von ihnen tötet. Diese Menschen erzählen uns außerdem viele romantische Dinge über diese Götter, von denen die folgenden einige sind: Sie sagen, dass Oromazes aus reinstem Licht und Arimanius aus pechschwarzer Finsternis entspringt, und dass diese beiden deshalb im Krieg miteinander liegen. Und Oromazes habe sechs Götter geschaffen , von denen der erste der Urheber der Güte, der zweite der Wahrheit, der dritte der Gerechtigkeit und die übrigen einer der Weisheit, einer des Reichtums und ein dritter des Vergnügens, das aus guten Handlungen erwächst, seien; und Arimanius habe ebenso viele gegensätzliche Handlungen geschaffen, um sie zu bekämpfen. Danach stieg Oromazes, nachdem er zuerst seine eigene Größe verdreifacht hatte, in die Höhe, so weit über die Sonne, wie die Sonne selbst über die Erde, und schmückte so den Himmel mit Sternen. Einen Stern aber, Sirius oder Hund genannt, setzte er als eine Art Wächter oder Späher vor alle anderen. Und nachdem er vierundzwanzig weitere Götter geschaffen hatte, legte er sie alle in eine Eierschale. Diejenigen aber, die Arimanius gemacht hatte (sie waren auch so zahlreich), brachen ein Loch in diese schöne und gläserne Eierschale, und auf diese Weise vermischte sich das Schlechte mit dem Guten. Nun aber naht die verhängnisvolle Zeit, in der Arimanius, der dadurch Seuchen und Hungersnöte über die Erde bringt, notgedrungen selbst ausgelöscht und vernichtet werden muss; zu dieser Zeit wird die Erde glatt und eben gemacht sein, und es wird ein Leben und eine Gesellschaft von Menschen geben, die alle glücklich sind, und eine Sprache. Theopompus aber sagt, daß nach der Meinung der Magier jeder dieser Götter sich abwechselnd dreitausend Jahre lang unterwirft und unterworfen wird, und daß sie sich noch dreitausend Jahre lang streiten und bekämpfen und die Werke des anderen zerstören; endlich aber wird Pluto untergehen, und die Menschheit wird glücklich sein und weder Nahrung brauchen noch einen Schatten werfen. Und dass der Gott, der diese Dinge voraussieht, für eine gewisse Zeit seine Ruhe und Erholung hat; aber diese Zeit ist nicht so viel für ihn, obwohl es den Menschen so erscheint, deren Schlaf nur kurz ist. Das ist also die Mythologie der Magees."

Wir werden gleich sehen, wie sehr diese Darstellung mit der Religion der Pârsis übereinstimmt, wie sie sich aus der ursprünglichen Lehre Zarathustras entwickelt hat.

Abgesehen von dem, was durch die Griechen bekannt war, und einigen Berichten in arabischen und persischen Schriftstellern gab es bis zur Mitte des letzten Jahrhunderts keine sicheren Informationen über Zarathustra und seine Lehren. Aber der Unternehmungsgeist, die Energie und die wissenschaftliche Hingabe eines jungen Franzosen veränderten den gesamten Aspekt des Themas, und wir sind nun in der Lage, mit einem gewissen Grad an Gewissheit über diesen großen Lehrer und seine Lehren zu sprechen.

§ 3. Anquetil du Perron und seine Entdeckung des Zend Avesta.

Anquetil du Perron, 1731 in Paris geboren, widmete sich schon früh dem Studium der orientalischen Literatur. Er beherrschte die hebräische, arabische und persische Sprache und erregte durch seinen Eifer bei diesen Studien die Aufmerksamkeit der Orientalisten. Als er eines Tages in der Königlichen Bibliothek ein Fragment des Zend-Avesta fand, wurde er von dem Wunsch ergriffen, Indien zu besuchen, um die verlorenen Bücher Zarathustras wiederzufinden und "die Zend-Sprache, in der sie geschrieben waren, und auch das Sanskrit zu lernen, um die Manuskripte in der Bibliothèque du Roi lesen zu können, die niemand in Paris verstand. " Seine Freunde bemühten sich, ihm einen Platz in einer Expedition zu verschaffen, die kurz vor der Abreise stand; da ihre Bemühungen jedoch erfolglos blieben, meldete sich Du Perron als einfacher Soldat, wobei er bis zum Tag vor der Abreise niemandem von seiner Absicht erzählte, um nicht an der Abreise gehindert zu werden. Er schickte nach seinem Bruder und verabschiedete sich unter vielen Tränen von ihm, wobei er allen Versuchen widerstand, ihn von seinem Vorhaben abzubringen. Sein Gepäck bestand aus ein wenig Wäsche, einer hebräischen Bibel, einem Koffer mit mathematischen Instrumenten und den Werken von Montaigne und Charron. Ein zehntägiger Marsch mit anderen Rekruten durch Nässe und Kälte brachte ihn zu dem Hafen, von dem aus die Expedition auslaufen sollte. Hier stellte er fest, dass die Regierung, die von seinem außerordentlichen Eifer für die Wissenschaft beeindruckt war, ihm seine Entlassung und ein kleines Gehalt von fünfhundert Livres bewilligt hatte. Die Ostindien-Kompanie (Frankreich) gewährte ihm eine kostenlose Überfahrt, und er stach am 7. Februar 1755 im Alter von vierundzwanzig Jahren nach Indien in See. Die ersten zwei Jahre in Indien waren für ihn für wissenschaftliche Zwecke fast verloren, da er krank war, viel reiste und die Lage des Landes durch den Krieg zwischen England und Frankreich gestört war. Er reiste zu Fuß und zu Pferd durch einen großen Teil von Hindostan, sah die Anbetung des Juggernaut und die monumentalen Höhlen von Ellora und kam 1759 in Surat an, wo sich die Pârsî-Gemeinschaft befand, von der er sich Hilfe erhoffte, um das Ziel seines Strebens zu erreichen. Mit Beharrlichkeit und Geduld gelang es ihm, die Destours oder Priester dieser Feueranbeter zu überreden, ihm die Zend-Sprache beizubringen und ihn mit Manuskripten des Avesta zu versorgen. Mit hundertachtzig wertvollen Manuskripten kehrte er nach Europa zurück und veröffentlichte 1771 sein großes Werk, den ins Französische übersetzten Avesta, mit Anmerkungen und Abhandlungen. Er überlebte die Französische Revolution, eingeschlossen von seinen Büchern und vertieft in seine orientalischen Studien, und starb nach einem Leben voller Arbeit im Jahr 1805. In Anquetil du Perron verbanden sich ungeheure Gelehrsamkeit und unbeugsamer Fleiß mit reiner Wahrheitsliebe und einem ausgezeichneten Herzen.

Viele Jahre lang nach der Veröffentlichung des Avesta waren seine Echtheit und Authentizität unter den Gelehrten Europas umstritten; insbesondere Sir William Jones leugnete, dass es sich um ein altes Werk oder die Produktion von Zarathustra handelte. Aber fast alle modernen Autoren von Rang und Namen geben nun beides zu. Schon 1826 sagte Heeren, dass diese Bücher "die feurige Prüfung der Kritik überstanden" hätten.

"Wenige Überreste des Altertums", bemerkt er, "sind einer so aufmerksamen Prüfung unterzogen worden wie die Bücher des Zend Avesta. Diese Kritik hat sich zu ihrem Vorteil ausgewirkt; die Echtheit der wichtigsten Kompositionen, insbesondere der Vendidad und der Izeschne (Yaçna), wurde nachgewiesen; und wir können alles, was den Rang der einzelnen Bücher des Zend Avesta betrifft, als vollständig gesichert betrachten."

Rhode (einer der ersten Gelehrten seiner Zeit auf diesem Gebiet) sagt: "Es gibt nicht den geringsten Zweifel daran, dass dies die Bücher sind, die in den ältesten Zeiten Zarathustra zugeschrieben wurden." Von der Vendidad sagt er: "Sie hat sowohl die inneren als auch die äußeren Zeichen des höchsten Alters, so dass wir nicht fürchten zu sagen, dass nur Vorurteile oder Unwissenheit sie anzweifeln könnten."

§ 4. Die Epoche des Zarathustra. Was wissen wir von ihm?

Über das Alter dieser Bücher und die Zeit, in der Zarathustra gelebt hat, gehen die Meinungen jedoch weit auseinander. Er wird von Platon (Alkibiades, I. 37) erwähnt, der von "der Magie (oder den religiösen Lehren) Zarathustras des Ormazdianers" (magedan Zoroastran ton Oromazon) spricht. Da Platon von seiner Religion als etwas spricht, das in Form des Magismus oder des Systems der Meder im Westiran entstanden ist, während das Avesta in Baktrien oder im Ostiran entstanden zu sein scheint , wird das Alter Zarathustras bereits auf mindestens das sechste oder siebte Jahrhundert vor Christus zurückgeführt. Als das Avesta geschrieben wurde, war Baktrien eine unabhängige Monarchie. Zarathustra wird als Lehrer unter König Vistaçpa dargestellt. Aber die Assyrer eroberten Baktrien um 1200 v. Chr., das letzte der iranischen Königreiche, nachdem sie zuvor die Meder, Hyrkaner, Parther, Perser usw. besiegt hatten. Da Zarathustra vor dieser Eroberung gelebt haben muss, wird seine Zeit auf eine noch weiter zurückliegende Zeit, etwa 1300 oder 1250 v. Chr., zurückgeführt. Bunsen schlägt in der Tat vor, dass "das von Aristoteles festgelegte Datum Zarathustras nicht als sehr irrational bezeichnet werden kann. Er und Eudoxus platzieren ihn nach Plinius sechstausend Jahre vor dem Tod Platons; Hermippus fünftausend Jahre vor dem Trojanischen Krieg", also etwa 6300 oder 6350 vor Christus. Aber Bunsen fügt hinzu: "Beim gegenwärtigen Stand der Untersuchung kann die Frage, ob dieses Datum zu hoch angesetzt ist, weder verneint noch bejaht werden." Spiegel, in einem seiner letzten Werke, betrachtet Zarathustra als einen Nachbarn und Zeitgenossen Abrahams, also als einen Menschen, der vor 2000 v. Chr. lebte und nicht vor 6350 v. Chr. Professor Whitney aus New Haven setzt die Epoche Zarathustras auf "mindestens 1000 v. Chr." und fügt hinzu, dass alle Versuche, die persische Chronologie oder Geschichte vor der Herrschaft des ersten Sassaniden zu rekonstruieren, als vergeblich aufgegeben wurden. Döllinger meint, er könnte "etwas später als Moses gewesen sein, vielleicht um 1300 v. Chr.", sagt aber, es sei "unmöglich, genau festzulegen", wann er lebte. Rawlinson bemerkt lediglich, dass Berosus ihn vor 2234 v. Chr. ansetzt. Haug neigt dazu, die Gâthâs, die ältesten Lieder des Avesta, auf die Zeit von Moses zu datieren. Rapp kommt nach einem gründlichen Vergleich der antiken Autoren zu dem Schluss, dass Zarathustra 1200 oder 1300 v. Chr. lebte. Darin stimmt er mit Duncker überein, der sich, wie wir gesehen haben, für das gleiche Datum entschieden hat. Es ist nicht weit von der Zeitspanne entfernt, die der älteste griechische Schriftsteller angibt, der von Zarathustra spricht, nämlich Xanthus von Sardes, ein Zeitgenosse des Darius. Es ist der Zeitraum, der von Cephalion, einem Schriftsteller des zweiten Jahrhunderts, angegeben wird, der ihn aus drei unabhängigen Quellen entnimmt. Wir verfügen über keine Quellen, die es uns ermöglichen, die Zeit, in der er lebte, näher zu bestimmen als diese.

Auch über den Ort, an dem er lebte, oder die Ereignisse seines Lebens ist nichts mit Sicherheit bekannt. Die meisten modernen Autoren nehmen an, dass er in Baktrien wohnte. Haug behauptet, dass die Sprache der Zend-Bücher Baktrisch ist. Ein sehr mythologisches und märchenhaftes Leben Zarathustras, das von Anquetil du Perron übersetzt wurde und Zartusht-Namah genannt wird, beschreibt, dass er in seinem dreißigsten Lebensjahr in den Iran ging, zwanzig Jahre in der Wüste verbrachte, zehn Jahre lang Wunder wirkte und in Babylon Philosophie unterrichtete, wobei Pythagoras sein Schüler war. All dies beruht auf der (inzwischen als falsch erwiesenen) Theorie, dass er zur Zeit des Darius lebte. "Die Sprache des Avesta", sagt Max Müller, "ist so viel primitiver als die Inschriften des Dareios, dass viele Jahrhunderte zwischen den beiden Perioden, die durch diese beiden Sprachschichten repräsentiert werden, vergangen sein müssen." Diese Inschriften sind im achämenischen Dialekt verfasst, der das Zend in einem späteren Stadium der sprachlichen Entwicklung darstellt.

§ 5. Der Geist des Zarathustra und seiner Religion

Es ist unwahrscheinlich, dass Zarathustra jemals Pythagoras oder gar Abraham gesehen hat. Aber obwohl absolut nichts über die Ereignisse seines Lebens bekannt ist, gibt es nicht den geringsten Zweifel an seiner Existenz und seinem Charakter. Er hat großen Regionen, verschiedenen Rassen und langen Zeiträumen den Eindruck seines beeindruckenden Genies hinterlassen. Seine Religion ist, wie die des Buddha, im Wesentlichen eine moralische Religion. Jede von ihnen war eine Abkehr vom indischen Pantheismus, im Interesse der Moral, der menschlichen Freiheit und des Fortschritts der Rasse. Sie unterscheiden sich darin, dass sie die eine Seite der Moral festhalten und die andere Seite loslassen. Zarathustra stützt sein Gesetz auf die ewige Unterscheidung zwischen Recht und Unrecht, Sakya-muni auf die Naturgesetze und ihre Folgen, entweder gut oder böse. Zarathustras Gesetz ist daher das Gesetz der Gerechtigkeit, das von Sakya-muni das Gesetz der Barmherzigkeit. Der eine sieht das höchste Gut in Wahrheit, Pflicht und Recht, der andere in Liebe, Wohlwollen und Güte. Zarathustra lehrt die Vorsehung: der indische Mönch lehrt die Klugheit. Zarathustra strebt nach Heiligkeit, der Buddha nach Verdienst. Zarathustra lehrt und betont die Schöpfung: der Buddha weiß nichts von Schöpfung, sondern nur von Natur oder Gesetz. Alle diese Gegensätze lassen sich auf eine einzige Wurzel zurückführen. Beide sind moralische Reformer; aber der eine moralisiert nach der Methode von Bischof Butler, der andere nach der von Erzdiakon Paley. Zarathustra erkennt, dass alle Moral ihre Wurzel im Inneren hat, in der ewigen Unterscheidung zwischen rechtem und falschem Motiv, also in Gott; Sakya-muni aber findet sie außerhalb der Seele, in den Ergebnissen von guten und bösen Handlungen, also in der Natur der Dinge. Die Methode der Erlösung ist also nach Zarathustra die eines ewigen Kampfes des Guten gegen das Böse; nach Buddha aber ist sie die der Selbstzucht und der tugendhaften Tätigkeit.

Beide Systeme, die im Wesentlichen moralische Systeme im Interesse der Menschheit sind, gehen von Personen aus. Denn es ist eine merkwürdige Tatsache, dass, während die im Wesentlichen spiritualistischen Religionen ihre Gründer nicht kennen, alle moralischen Glaubensbekenntnisse der Welt von einer moralischen Quelle ausgehen, d.h. von einem menschlichen Willen. Der Brahmanismus, der Gnostizismus, der Sufismus Persiens, die Mysterien Ägyptens und Griechenlands, der Neuplatonismus, die christliche Mystik des Mittelalters - sie alle haben, genau genommen, keinen Gründer. Jede Tendenz zum Abstrakten, zum Unendlichen ignoriert die Persönlichkeit. Wir kennen einzelne Mystiker, aber nie den Gründer eines solchen Systems. Die Religionen, in denen das moralische Element unterdrückt wird, wie die von Babylon, Assyrien, Ägypten, Griechenland, Rom, sind ebenfalls ohne persönliche Gründer. Aber die moralischen Religionen sind die Religionen von Personen, und so haben wir die Systeme von Konfuzius, Buddha, Zarathustra, Moses, Mohammed. Die protestantische Reformation war ein Protest der moralischen Natur gegen eine Religion, die sich von der Moral gelöst hatte. Dementsprechend haben wir Luther als Begründer des Protestantismus; aber das mittelalterliche Christentum wuchs ohne einen persönlichen Führer auf.

Die gesamte Religion des Avesta dreht sich um die

23

Person des Zarathustra oder Zarathustra. Im ältesten Teil der heiligen Bücher, den Gâthâs der Yaçna, wird er der reine Zarathustra genannt, gut in Gedanken, Worten und Werken. Es wird gesagt, dass Zarathustra allein die Gebote von Ahura-Mazda (Ormazd) kennt und dass er geschickt in der Rede sein wird. In einem der Gâthâs drückt er den Wunsch aus, den Reinen in der Macht des Ormazd Wissen zu bringen, um ihnen eine große Freude zu bereiten (Spiegel, Gâthâ Ustvaiti, XLII. 8), oder, wie Haug dieselbe Stelle übersetzt (Die Gâthâs des Zarathustra, II. 8): "Ich will den Lügnern Feindschaft schwören, den Wahrhaftigen aber eine starke Hilfe sein." Er betet um die Wahrheit, erklärt sich zum treuesten Diener Ormazds, des Weisen, in der Welt und bittet darum, das Beste zu wissen, was zu tun sei. Wie die jüdischen Propheten versuchten, sich ihrer Mission zu entziehen, sie als Last bezeichneten und "in der Hitze und Bitterkeit ihres Geistes" zu ihr gingen, so sagt Zarathustra (laut Spiegel): "Als es durch dein Gebet zu mir kam, dachte ich, dass die Verbreitung deines Gesetzes durch die Menschen etwas Schwieriges sei."

Zarathustra war einer von denen, die der Anblick des Bösen bedrückte. Aber es war nicht das äußere Böse, das ihn am meisten quälte, sondern das geistige Böse, das seinen Ursprung in einem verderbten Herzen und einem vom Guten abgewandten Willen hat. Seine Meditationen führten ihn zu der Überzeugung, dass alles Elend der Welt seine Wurzel in der Sünde hat und dass der Ursprung der Sünde in der dämonischen Welt zu finden ist. Er hätte sich der Sprache des Apostels Paulus bedienen und sagen können: "Wir ringen nicht mit Fleisch und Blut", d. h. wir kämpfen nicht mit Menschen, sondern mit den Prinzipien des Bösen, den Herrschern der Finsternis, den Geistern der Bosheit in der übernatürlichen Welt. In der tiefen Überzeugung, dass ein großer Kampf zwischen den Mächten des Lichts und der Finsternis im Gange war, rief er alle guten Menschen auf, sich an diesem Kampf zu beteiligen und für den guten Gott gegen den dunklen und bösen Versucher zu kämpfen.

Große physische Katastrophen verstärkten die Intensität dieser Überzeugung. Es scheint, dass etwa zur Zeit Zarathustras einige geologische Erschütterungen das Klima Nordasiens veränderten und sehr plötzlich eine strenge Kälte hervorriefen, wo zuvor eine fast tropische Temperatur geherrscht hatte. Der erste Fargard der Vendidad wurde kürzlich sowohl von Spiegel als auch von Haug übersetzt und spricht zunächst von einem guten Land, Aryana-Vaêjo, das von Ahura-Mazda (Ormazd) zu einer Region der Freude gemacht wurde. Dann wird hinzugefügt, dass das "böse Wesen Angra-Mainyus (Ahriman), voll des Todes, eine mächtige Schlange und den Winter, das Werk der Devas, schuf. Zehn Monate des Winters sind da, zwei Monate des Sommers." Dann folgt, im Original, diese Aussage: "Sieben Monate des Sommers sind (waren?) dort; fünf Monate des Winters waren dort. Letztere sind kalt wie das Wasser, kalt wie die Erde, kalt wie die Bäume. Dort ist das Herz des Winters; dort fällt ringsum tiefer Schnee. Dort ist das schlimmste aller Übel." Diese Passage wird sowohl von Spiegel als auch von Haug als Interpolation abgetan. Aber sie geben keinen Grund für diese Annahme an, außer der Schwierigkeit, sie mit der vorangehenden Passage in Einklang zu bringen. Diese Schwierigkeit verschwindet jedoch, wenn wir annehmen, dass sie eine große klimatische Veränderung beschreiben soll, durch die die ursprüngliche Heimat der Arier, Aryana-Vaêjo, plötzlich sehr viel kälter wurde als zuvor. Eine solche Veränderung, wenn sie denn stattgefunden hat, war wahrscheinlich die Ursache für die Auswanderung, die dieses Volk von Aryana-Vaêjo (Alt-Iran) nach Neu-Iran oder Persien brachte. Bunsen und Haug nehmen an, dass eine solche Auswanderungsgeschichte in diesem ersten Fargard (oder Kapitel) der Vendidad enthalten ist. Wenn dem so ist, führt sie uns weiter zurück als der älteste Teil des Veda und beschreibt das Fortschreiten des arischen Stroms nach Süden von seiner ursprünglichen Quelle in den großen Ebenen Zentralasiens, bis er sich in zwei Zweige teilte, von denen einer nach Persien und der andere nach Indien floss. In der ersten Strophe dieses ehrwürdigen Dokuments sagt Ormazd, dass er neue Regionen geschaffen hat, die als Wohnstätten wünschenswert sind; denn hätte er das nicht getan, wären alle Menschen in dieses Aryana-Vaêjo gedrängt worden. Schon im ersten Vers der Vendidad zeigt sich die liebevolle Erinnerung dieser ausgewanderten Völker an ihr Vaterland in Zentralasien und der zoroastrische Glaube an eine schöpferische und schützende Vorsehung. Die furchtbare Konvulsion, die ihr Sommerklima in den heutigen sibirischen Winter von zehn Monaten Dauer verwandelte, war Teil eines göttlichen Plans. Der alte Iran wäre zu attraktiv gewesen, und die ganze Menschheit hätte sich in dieses Eden gedrängt. So wurde dem bösen Ahriman erlaubt, als neue Schlange der Zerstörung hineinzugleiten, und seine sieben Sommer- und fünf Wintermonate wurden in zehn Winter- und zwei Sommermonate umgewandelt.

Dieses Aryana-Vaêjo, der alte Iran, die Urheimat der großen indoeuropäischen Rasse, wird von Haug und Bunsen auf den Hochebenen nordöstlich von Samarcand vermutet, zwischen dem siebenunddreißigsten und vierzigsten Grad nördlicher Breite und dem sechsundachtzigsten und neunzigsten östlicher Länge. In dieser Region herrscht genau das beschriebene Klima: zehn Monate Winter und zwei Monate Sommer. Das Gleiche gilt für Westthibet und den größten Teil Zentralsibiriens. Malte-

Brun sagt: "Der Winter ist in fast ganz Sibirien neun oder zehn Monate lang". Juni und Juli sind die einzigen Monate, die völlig schneefrei sind. Auf dem 60. Breitengrad wurde die Erde am 28. Juni in einer Tiefe von drei Fuß gefroren vorgefunden.

Aber gibt es Grund zu der Annahme, dass das Klima jemals anders war? Geologen versichern uns, dass "große Klimaschwankungen in Zeiten unmittelbar vor der Besiedlung der Erde durch den Menschen aufgetreten sind". Aber in Zentral- und Nordasien gibt es Beweise für solche Temperaturschwankungen in einem viel jüngeren Zeitraum. Im Jahre 1803 fiel an den Ufern der Lena, auf dem 70. Breitengrad, der gesamte Körper eines Mammuts aus einer Eismasse, in der es vielleicht seit Tausenden von Jahren begraben war, wobei das Fleisch so perfekt erhalten blieb, dass es sofort von Wölfen gefressen wurde. Seitdem sind diese gefrorenen Elefanten in großer Zahl gefunden worden, und zwar in so perfektem Zustand, dass sich die Birne eines Auges von einem von ihnen im Museum in Moskau befindet. Man hat sie bis zum 75. Lyell hält es daher für "vernünftig zu glauben, dass ein großes Gebiet in Zentralasien, das vielleicht die südliche Hälfte Sibiriens einschließt, zu keiner sehr fernen Zeit der Erdgeschichte ein gemäßigtes Klima genossen hat, das mild genug war, um zahlreichen Elefanten- und Nashornherden Nahrung zu bieten."

Inmitten dieser schrecklichen Erschütterungen der Luft und der Erde, dieser Antagonismen von äußerlich Gutem und Bösem, entwickelte Zarathustra seinen Glauben an den Dualismus aller Dinge. Für ihn wie für den hebräischen Dichter hatte Gott alle Dinge gegeneinander gestellt, zwei und zwei. Kein pantheistischer Optimismus, wie der indische, konnte sein Denken befriedigen. Er konnte nicht sagen: "Was auch immer ist, ist richtig";

einige Dinge schienen fatal falsch zu sein. Die Welt war ein Schauplatz des Krieges, nicht des Friedens und der Ruhe. Für den guten Menschen war das Leben kein Schlaf, sondern ein Kampf. Wenn es einen guten Gott gab, der über allem stand, wie er fest glaubte, dann gab es auch einen Geist des Bösen, von furchtbarer Macht, dem man nicht nachgeben durfte, sondern mit dem man kämpfen musste. In der Ferne sah er den Triumph des Guten; aber diesen Triumph konnte er nur erringen, wenn er jetzt den guten Kampf kämpfte. Aber seine Waffen waren nicht fleischlich. "Reine Gedanken", die in "wahre Worte" münden und zu "rechten Handlungen" führen, das war die ganze Pflicht des Menschen.

§ 6. Der Charakter des Zend Avesta.

Einige Passagen aus verschiedenen Teilen des Zend Avesta werden diese Tendenzen am besten veranschaulichen und zeigen, wie sehr es sich in seinem ganzen Geist von seiner Schwester, der vedischen Liturgie, unterscheidet. Zwillingskinder des alten arischen Stamms, müssen sie wie Esau und Jakob miteinander gekämpft haben, bevor sie geboren wurden. In solchen Fällen sehen wir, wie oberflächlich die Philosophie ist, die mit der Synthese statt mit der Analyse beginnt und die Einheit aller Religionen erklärt, bevor sie ihre Unterschiede gesehen hat. Es gibt in der Tat das, was Cudworth "die Symphonie aller Religionen" genannt hat, aber sie lässt sich nicht einfach dadurch nachweisen, dass man ein paar ähnliche Texte von Konfuzius, den Veden und den Evangelien zusammenstellt und dann verkündet, dass sie alle dasselbe lehren. Wir müssen zuerst die spezifische Idee eines jeden finden, und dann können wir vielleicht zeigen, wie jeder von ihnen seinen Platz im harmonischen Wirken der universellen Religion einnehmen kann.

Wenn wir bei der Lektüre des Zend Avesta erwarten, ein theologisches oder philosophisches System zu finden, werden wir enttäuscht sein. Es ist eine Liturgie, eine Sammlung von Hymnen, Gebeten, Anrufungen und Danksagungen. Sie enthält Gebete an eine Vielzahl von Gottheiten, unter denen Ormazd stets als der Oberste gilt und die übrigen nur seine Diener sind.

"Ich verehre und bete an", sagt Zarathustra (Zarathustra), "den Schöpfer aller Dinge, Ahura-Mazda

(Ormazd), den Lichtvollen! Ich verehre die Amĕsha-çpentas (Amshaspands, die sieben Erzengel, oder Schutzgeister)! Ich verehre den Körper des Ur-Stieres, die Seele des Stieres! Ich rufe dich an, oh Feuer, du Sohn des Ormazd, der Schnellste der Unsterblichen! Ich rufe Mithra an, den Erhabenen, den Unsterblichen, den Reinen, die Sonne, den Herrscher, das schnelle Pferd, das Auge des Ormazd! Ich rufe den heiligen Sraosha, begabt mit Heiligkeit, und Racnçu (Geist der Gerechtigkeit), und Arstat (Geist der Wahrheit)! Ich rufe die Fravashi der guten Menschen an, die Fravashi von Ormazd, die Fravashi meiner eigenen Seele! Ich preise die guten Männer und Frauen in der ganzen Welt der Reinheit! Ich preise die Haŏma, gesundheitsbringend, golden, mit feuchten Stängeln. Ich preise Sraosha, den vier Pferde tragen, fleckenlos, hell leuchtend, schneller als die Stürme, der, ohne zu schlafen, die Welt in der Dunkelheit beschützt."

Die folgenden Passagen stammen aus dem ältesten Teil des Avesta, den Gâthâs:-

"Gut ist der Gedanke, gut die Rede, gut das Werk des reinen Zarathustra."

"Ich wünsche mir durch mein Gebet mit erhobenen Händen diese Freude, die reinen Werke des Heiligen Geistes, Mazda, ... die Bereitschaft, gute Handlungen auszuführen, ... und reine Gaben für beide Welten, die leibliche und die geistige."

"Ich habe meine Seele dem Himmel anvertraut..... und ich werde lehren, was rein ist, solange ich kann."

"Ich bewahre für immer Reinheit und gute Gesinnung. Lehre mich, Ahura-Mazda, aus dir selbst, aus dem Himmel, durch deinen Mund, durch den die Welt zuerst entstanden ist."

"Dich, oh Mazda, habe ich als den Ersten gedacht, um mit der Seele zu preisen, ... aktiver Schöpfer, ... Herr der Welten,.... Herr der guten Dinge,.... der erste Schöpfer,.... der die reine Schöpfung gemacht hat,.... der die beste Seele mit seinem Verstand aufrechterhält."

"Ich preise Ahura-Mazda, der das Vieh erschaffen hat, der das Wasser und die guten Bäume, den Glanz des Lichts, die Erde und alles Gute geschaffen hat. Wir preisen die Fravashis der reinen Männer und Frauen, was immer am schönsten, reinsten und unsterblich ist."

"Wir ehren den guten Geist, das gute Reich, das gute Gesetz, alles, was gut ist."

"Hier preisen wir die Seele und den Körper des Stieres, dann unsere eigenen Seelen, die Seelen des Viehs, die uns im Leben erhalten wollen,.... die guten Männer und Frauen,.... den Wohnsitz des Wassers,.... das Zusammentreffen und die Trennung der Wege,.... die Berge, die die Wasser fließen lassen,.... den starken Wind, der von Ahura-Mazda erschaffen wurde,.... den Haŏma, Spender des Wachstums, weit entfernt vom Tod."

"Nun höre mir zu, und höre! die Weisen haben alles erschaffen. Die böse Lehre wird die Welt nicht mehr zerstören."

"Am Anfang sprachen die beiden Himmlischen - die Guten zu den Bösen -: 'Unsere Seelen, Lehren, Worte, Werke, vereinen sich nicht miteinander.'"

"Wie soll ich dich zufriedenstellen, o Mazda, ich, der ich wenig Reichtum, wenig Menschen habe? Wie kann ich dich nach meinem Wunsch erheben? .... Ich will mich mit deinen Wünschen begnügen; das ist die Entscheidung meines Verstandes und meiner Seele."

Das Folgende ist aus dem Khordah Avesta:-

"Im Namen Gottes, des Gebers, des Vergebenden, reich an Liebe, gelobt sei der Name Ormazd, der Gott mit dem Namen 'Der immer war, immer ist und immer sein wird'; der Himmlische unter den Himmlischen, mit dem Namen 'Von dem allein die Herrschaft ausgeht'. Ormazd ist der größte Herrscher, mächtig, weise, Schöpfer, Unterstützer, Zuflucht, Verteidiger, Vollbringer guter Werke, Aufseher, rein, gut und gerecht.

"Mit aller Kraft (bringe ich) Dank; dem Großen unter den Wesen, der schuf und zerstörte, und durch seine eigene Bestimmung der Zeit, Kraft, Weisheit, höher ist als die sechs Amshaspands, der Umfang des Himmels, die leuchtende Sonne, der strahlende Mond, der Wind, das Wasser, das Feuer, die Erde, die Bäume, das Vieh, die Metalle, die Menschen.

"Opfer und Lobpreis dem Herrn, dem Vollender der guten Werke, der die Menschen größer als alle irdischen Wesen gemacht hat und sie durch die Gabe der Sprache zur Herrschaft über die Geschöpfe geschaffen hat, als Krieger gegen die Daêvas.

"Gepriesen sei die Allwissenheit Gottes, der durch den heiligen Zarathustra Frieden für die Geschöpfe ge- sandt hat, die Weisheit des Gesetzes, die Erleuchtung, die aus dem himmlischen Verstand stammt und mit den Ohren gehört wird, Weisheit und Führung für alle Wesen, die sind, waren und sein werden, (und) die Weisheit der Weisheiten, die der Seele an der Brücke die Freiheit von der Hölle bewirkt und sie hinüberführt zu jenem Paradies, dem strahlenden, süß duftenden der Reinen.

"Alles Gute nehme ich auf deinen Befehl hin an, o Gott, und denke, rede und tue es. Ich glaube an das reine Gesetz; durch jedes gute Werk suche ich Vergebung für alle Sünden. Ich halte für mich das nützliche Werk rein und enthalte mich des Unnützlichen. Ich halte die sechs Kräfte rein: Gedanke, Rede, Arbeit, Gedächtnis, Verstand und Verständnis. Nach deinem Willen vermag ich, o Vollbringer des Guten, deine Ehre zu vollenden mit guten Gedanken, guten Worten, guten Werken.

"Ich betrete den leuchtenden Weg zum Paradies; möge mich der furchtbare Schrecken der Hölle nicht überwältigen! Möge ich über die Brücke Chinevat schreiten, möge ich das Paradies erreichen, mit viel Wohlgeruch und allen Freuden und allem Glanz.

"Gelobt sei der Aufseher, der Herr, der diejenigen, die gute Taten vollbringen, nach seinem Willen belohnt, die Gehorsamen endlich läutert und selbst die Bösen endlich von der Hölle läutert. Alles Lob gebührt dem Schöpfer, Ormazd, dem Allweisen, Mächtigen, reich an Macht; den sieben Amshaspands; Ized Bahrâm, dem siegreichen Vernichter der Feinde."

"HYMNE AN EINEN STERN.

"Den Stern Tistrya preisen wir, den leuchtenden, majestätischen, mit angenehmer guter Behausung, hell, leuchtend, auffallend, umherziehend, gesund, Freude spendend, groß, umherziehend aus der Ferne, mit leuchtenden Strahlen, den Reinen und das Wasser, das weite Meere macht, gut, weitberühmt, den Namen des von Mazda erschaffenen Stiers, der starken königlichen Majestät und des Fravashi des heiligen Reinen, Zarathustra.

"Für seinen Glanz, für seine Majestät, will ich ihn, den Stern Tistrya, mit hörbarem Lobpreis preisen. Wir preisen den Stern Tistrya, den leuchtenden, majestätischen, mit Gaben, mit Haŏma, gebunden mit Fleisch, mit Maúthra, das der Zunge Weisheit gibt, mit Wort und Tat, mit Gaben mit rechtgesprochener Rede."

"Den Stern Tistrya, den leuchtenden, majestätischen, preisen wir, der so sanft zum Meer gleitet wie ein Pfeil, der dem himmlischen Willen folgt, der ein schrecklich biegsamer Pfeil ist, ein sehr biegsamer Pfeil, würdig der Ehre unter den Ehrenwerten, der vom feuchten Berg zum leuchtenden Berg kommt."

"HYMNE AN MITHRA.

"Mithra, dessen lange Arme hier mit Mithra-Kraft nach vorne greifen; was in Ostindien ist, ergreift er, und was im Westen ist, erschlägt er, und was in den Steppen von Raúha ist, und was an den Enden dieser Erde ist.

"Du, o Mithra, ergreifst sie, indem du deine Arme ausstreckst. Der Ungerechte, der durch den Gerechten vernichtet wird, ist düster in der Seele. So denkt der Ungerechte: Mithra, der Arglose, sieht all diese bösen Taten, all diese Lügen nicht.

"Aber ich denke in meiner Seele: Kein irdischer Mensch mit hundertfacher Kraft denkt so viel Böses, wie Mithra mit himmlischer Kraft Gutes denkt. Kein irdischer Mensch mit hundertfacher Kraft spricht so viel Böses, wie Mithra mit himmlischer Kraft Gutes spricht. Kein irdischer Mensch mit hundertfacher Kraft tut so viel Böses, wie Mithra mit himmlischer Kraft Gutes tut.

"Mit keinem irdischen Menschen ist der hundertfach größere himmlische Verstand so verbündet, wie sich der himmlische Verstand mit dem himmlischen Mithra, dem Himmlischen, verbündet. Kein irdischer Mensch mit hundertfacher Kraft hört mit den Ohren, wie der himmlische Mithra, der hundert Kräfte besitzt, jeden Lügner sieht. Mächtig geht Mithra voran, mächtig in der Herrschaft marschiert er voran; schöne Sehkraft, leuchtend aus der Ferne, gibt er den Augen."

"EIN BEKENNTNIS, ODER PATET.

"Ich bereue alle Sünden. Alle bösen Gedanken, Worte und Werke, die ich in der Welt gedacht habe, leibliche, geistige, irdische und himmlische, bereue ich vor euch, ihr Gläubigen. O Herr, verzeihe mir durch die drei Worte.

"Ich bekenne mich als Mazdayaçnianer, als Zarathustrianer, als Gegner der Daêvas, dem Glauben an Ahura ergeben, zum Lob, zur Anbetung, zur Zufriedenheit und zum Lob. Wie es der Wille Gottes ist, soll der Zaŏta zu mir sagen: So verkündet der Herr, der Reine aus der Heiligkeit, soll der Weise sprechen.

"Ich lobe alle guten Gedanken, Worte und Werke, durch Gedanken, Worte und Taten. Ich verfluche alle bösen Gedanken, Worte und Werke, weg von Gedanken, Worten und Taten. Ich halte fest an allen guten Gedanken, Worten und Werken, mit Gedanken, Worten und Werken, d.h. ich vollbringe gute Taten, ich weise alle bösen Gedanken, Worte und Werke von Gedanken, Worten und Werken ab, d.h. ich begehe keine Sünden.

"Ich bringe euch, die ihr Amshaspands seid, Opfergaben und Lobpreisungen dar, mit dem Herzen, mit dem Körper, mit meinen eigenen Lebenskräften, Körper und Seele. Die gesamten Kräfte, die ich besitze, besitze ich in Abhängigkeit von den Yazatas. In Abhängigkeit von den Yazatas zu besitzen bedeutet (so viel wie) dies: Wenn irgendetwas geschieht, so dass es angebracht ist, den Körper um der Seele willen zu geben, gebe ich es ihnen.

"Ich preise die beste Reinheit, ich verjage die Dévs, ich bin dankbar für das Gute des Schöpfers Ormazd, mit dem Widerstand und der Ungerechtigkeit, die von Ganâmainyo kommen, bin ich zufrieden und einverstanden in der Hoffnung auf die Auferstehung. Das zarathustrische Gesetz, das von Ormazd erschaffen wurde, nehme ich wie einen Senkblei. Um dieses Weges willen bereue ich alle Sünden.

"Ich bereue die Sünden, die den Charakter der Menschen ergreifen können, oder die meinen Charakter ergriffen haben, kleine und große, die unter den Menschen begangen werden, die gemeinsten Sünden, so viel wie es ist (und) sein kann, doch mehr als das, nämlich alle bösen Gedanken, Worte, und Werke, die ich um anderer oder andere um meinetwillen begangen habe, oder wenn die harte Sünde um meinetwillen den Charakter eines Übeltäters ergriffen hat, - solche Sünden, Gedanken, Worte und Werke, körperliche, geistige, irdische, himmlische, bereue ich mit den drei Worten: Verzeihung, o Herr, ich bereue die Sünden mit Patet.

"Die Sünden gegen Vater, Mutter, Schwester, Bruder, Frau, Kind, gegen die Eheleute, gegen die Vorgesetzten, gegen meine eigenen Verwandten, gegen die, die mit mir leben, gegen die, die gleiches Eigentum besitzen, gegen die Nachbarn, gegen die Bewohner derselben Stadt, gegen die Diener, jede Ungerechtigkeit, durch die ich unter Sündern gewesen bin, - diese Sünden bereue ich mit Gedanken, Worten und Werken, leiblich wie geistig, irdisch wie himmlisch, mit den drei Worten: Verzeih, o Herr, ich bereue die Sünden.

"Die Verunreinigung mit Schmutz und Leichen, das Bringen von Schmutz und Leichen zu Wasser und Feuer, oder das Bringen von Feuer und Wasser zu Schmutz und Leichen; das Unterlassen des Rezitierens des Avesta im Geiste, das Herumstreuen von Haaren, Nägeln und Zahnstochern, das Nichtwaschen der Hände, alles andere, was zur Kategorie von Schmutz und Leichen gehört, wenn ich dadurch unter die Sünder gekommen bin, so bereue ich all diese Sünden mit Gedanken, Worten und Werken, körperlich wie geistig, irdisch wie himmlisch, mit den drei Worten: Verzeihung, Herr, ich bereue die Sünde.

"Das, was der Wunsch des Schöpfers Ormazd war, was ich hätte denken sollen und nicht gedacht habe, was ich hätte reden sollen und nicht geredet habe, was ich hätte tun sollen und nicht getan habe, von diesen Sünden bereue ich mit Gedanken, Worten und Werken" usw.

"Was Ahriman wollte und ich nicht hätte denken sollen und doch gedacht habe, was ich nicht hätte reden sollen und doch geredet habe, was ich nicht hätte tun sollen und doch getan habe; diese Sünden bereue ich", usw.

"Von allen und jeder Art von Sünden, die ich gegen die Geschöpfe des Ormazd begangen habe, wie Sterne, Mond, Sonne und das rotglühende Feuer, den Hund, die Vögel, die fünf Arten von Tieren, die anderen guten Geschöpfe, die das Eigentum des Ormazd sind, zwischen Erde und Himmel, wenn ich gegen irgendeine von ihnen ein Sünder geworden bin, tue ich Buße", usw.

"Von Stolz, Hochmut, Begehrlichkeit, Verleumdung der Toten, Zorn, Neid, bösem Blick, Schamlosigkeit, Schauen in böser Absicht, Schauen in böser Begierde, Halsstarrigkeit, Unzufriedenheit mit den göttlichen Ordnungen, Eigenwilligkeit, Trägheit, Verachtung anderer, Vermischung mit fremden Dingen, Unglauben, Widerstand gegen die göttlichen Mächte, falsches Zeugnis, falsches Urteil, Götzenanbetung, nacktes Laufen, Laufen mit einem Schuh, das Brechen des niedrigen (Mittags-)Gebets, das Unterlassen des Mittagsgebetes, Diebstahl, Raub, Hurerei, Hexerei, Anbetung mit Zauberern, Unkeuschheit, Ausreißen der Haare, sowie alle anderen Arten von Sünden, die in diesem Patet aufgezählt sind oder nicht aufgezählt sind, die mir bekannt sind, oder nicht, die mir bekannt sind oder nicht bekannt sind, die mir bestimmt sind oder nicht bestimmt sind, die ich mit Gehorsam vor dem Herrn hätte beklagen sollen und nicht beklagt habe, - diese Sünden bereue ich mit Gedanken, Worten und Werken, körperlich wie geistig, irdisch wie himmlisch. O Herr, verzeih, ich bereue mit den drei Worten, mit Patet.

"Wenn ich für jemanden das Patet auf mich genommen und nicht ausgeführt habe, und dadurch Unglück über seine Seele oder seine Nachkommen gekommen ist, bereue ich die Sünde für jeden mit Gedanken" usw.

"Mit allen guten Taten bin ich einverstanden, mit allen Sünden bin ich nicht einverstanden, für das Gute bin ich dankbar, mit der Ungerechtigkeit bin ich zufrieden. Mit der Strafe an der Brücke, mit den Fesseln und Qualen und Peinigungen der Mächtigen des Gesetzes, mit der Strafe der drei Nächte (nach) den siebenundfünfzig Jahren bin ich zufrieden und satt."

Das Avesta ist also kein dogmatisches System, sondern ein Buch der Anbetung. Es soll von den Laien privat gelesen oder von den Priestern öffentlich rezitiert werden. Dennoch kann gerade ein solches Buch die beste Hilfe für die Kenntnis der religiösen Ansichten eines Zeitalters sein. Die tiefsten Überzeugungen kommen in einer solchen Sammlung zum Vorschein, zwar nicht in einer systematischen Darstellung, aber in aufrichtiger Äußerung. Sie wird eher den Glauben des Herzens als die Spekulationen des Intellekts enthalten. Ein solches Werk kann kaum anders als authentisch sein; denn Menschen fälschen keine Liturgien, und wenn sie es täten, könnten sie sie kaum in den Gottesdienst einer Religionsgemeinschaft einführen.

Das Avesta besteht aus dem Vendidad, von dem zweiundzwanzig Fargards oder Kapitel erhalten sind, dem Vispered in siebenundzwanzig, dem Yaçna in siebzig und dem Khordah Avesta oder Klein-Avesta, das die Yashts, Patets und andere Gebete für den Gebrauch der Laien enthält. Von diesen hält Spiegel die Gâthâs der Yaçna für die ältesten, dann die Vendidad, zuletzt den ersten Teil der Yaçna und die Khordah Avesta.

§ 7. Spätere Entwicklung des Systems im Bundehesch.

Das Bundehesch ist ein späteres Buch als diese, und doch geht es in seinem Inhalt auf eine sehr frühe Periode zurück. Windischmann, der vor kurzem eine neue Übersetzung dieses Buches vorgelegt hat, sagt: "Was den Bundehesch betrifft, so bin ich zuversichtlich, dass ein genaueres Studium dieses bemerkenswerten Buches und ein genauerer Vergleich mit den Originaltexten die ungünstige Meinung, die man bisher darüber hatte, in eine große Zuversicht verwandeln wird. Ich bin zu der Überzeugung gelangt, dass sein Verfasser uns hauptsächlich nur die alte Lehre wiedergegeben hat, die er aus den ursprünglichen Texten entnommen hat, von denen die meisten heute verloren sind. Je gründlicher sie untersucht wird, desto vertrauenswürdiger wird sie sich erweisen."

Die folgende Zusammenfassung des Pârsî-Systems stammt hauptsächlich aus dem Bundehesch und den späteren Schriften der Pârsîs. Wir haben sie von Rhode abgekürzt. Zur Zeit Zarathustras selbst war es wahrscheinlich noch lange nicht so vollständig ausgearbeitet. In den älteren Büchern des Avesta sind nur die Keime davon zu finden. Es ist bezweifelt worden, ob die Lehre von Zerâna-Akerana oder der Monade hinter der Duad im Avesta zu finden ist; allerdings scheinen wichtige Texte in der Vendidad tatsächlich ein Höchstes und Unendliches Wesen zu implizieren, den Schöpfer sowohl von Ormazd als auch von Ahriman.

Am Anfang brachte das Ewige oder Absolute Wesen (Zerâna-Akerana) zwei andere große göttliche Wesen hervor. Das erste, das ihm treu blieb, war Ahura-Mazda, der König des Lichts. Der andere war Ahriman (Angra-Mainyus), der König der Finsternis. Ormazd fand sich in einer Welt des Lichts wieder und Ahriman in grenzenloser Dunkelheit, und die beiden wurden zu Antagonisten.

Das Unendliche Wesen (Zerana-Akerana) beschloss nun, um das Übel, das Ahriman verursacht hatte, zu vernichten, die sichtbare Welt durch Ormazd zu erschaffen; und er setzte ihre Dauer auf zwölftausend Jahre fest. Diese wurde in vier Perioden von je dreitausend Jahren unterteilt. In der ersten Periode sollte Ormazd allein herrschen; in der zweiten sollte Ahriman zu wirken beginnen, aber noch untergeordnet sein; in der dritten sollten beide zusammen herrschen, und in der vierten sollte Ahriman die Oberhand haben.

Ormazd begann die Schöpfung, indem er die Fereuers (Fravashi) hervorbrachte. Alles, was erschaffen wurde oder noch zu erschaffen ist, hat sein Fravashi, das den Grund und die Grundlage seiner Existenz enthält. Selbst Ormazd hat sein Fravashi in Bezug auf Zerâna-Akerana (das Unendliche). Eine geistige und unsichtbare Welt ging also dieser sichtbaren materiellen Welt als ihr Prototyp voraus.

Bei der Erschaffung der materiellen Welt, die in Wirklichkeit nur eine Einverleibung der geistigen Welt der Fravashis war, schuf Ormazd zuerst das feste Gewölbe des Himmels und die Erde, auf der es ruht. Auf der Erde schuf er den hohen Berg Albordj , der sich durch alle Sphären des Himmels emporschwang, bis er das Urlicht erreichte, und Ormazd machte diesen Gipfel zu seinem Wohnsitz. Von diesem Gipfel spannt sich die Brücke Chinevat zum Himmelsgewölbe und zu Gorodman, der Öffnung im Gewölbe über Albordj. Gorodman ist die Wohnstätte der Fravashis und der Seligen, und die

Brücke, die dorthin führt, befindet sich genau über dem Abgrund Duzakh, dem monströsen Abgrund, der Heimat Ahrimans unter der Erde.

Ormazd, der wusste, dass nach der ersten Periode sein Kampf mit Ahriman beginnen würde, wappnete sich und schuf zu seiner Hilfe die ganze leuchtende Heerschar des Himmels - Sonne, Mond und Sterne -, mächtige Lichtwesen, die ihm völlig untertan sind. Zuerst schuf er "den heroischen Läufer, der niemals stirbt, die Sonne", und machte ihn zum König und Herrscher der materiellen Welt. Von Albordj aus setzt er seine Bahn fort, umkreist die Erde in den höchsten Sphären des Himmels und kehrt am Abend zurück. Dann schuf er den Mond, der "sein eigenes Licht hat", der, von Albordj ausgehend, die Erde in einer niedrigeren Sphäre umkreist und zurückkehrt; dann die fünf kleineren Planeten und die ganze Schar der Fixsterne im untersten Himmelskreis. Der Raum zwischen der Erde und dem festen Gewölbe des Himmels ist also in drei Sphären unterteilt: die der Sonne, des Mondes und der Sterne.

Die Heerscharen der Sterne - gewöhnliche Soldaten im Krieg mit Ahriman - waren in vier Truppen unterteilt, die jeweils einen bestimmten Anführer hatten. Zwölf Kompanien wurden in den zwölf Tierkreiszeichen angeordnet. Diese wurden in vier große Abteilungen im Osten, Westen, Norden und Süden eingeteilt. Der Planet Tistrya (Jupiter) steht der östlichen Abteilung vor und wacht über sie und wird Prinz der Sterne genannt; Sitavisa (Saturn) steht der westlichen Abteilung vor; Vanant (oder Merkur) der südlichen; und Hapto-iringa (Mars) den Sternen im Norden. In der Mitte des Himmels steht der große Stern Mesch, Meschgah (Venus). Er führt sie gegen Ahriman an.

Der Hund Sirius (Sura) ist ein weiterer Wächter des

Himmels; aber er ist an einem Ort fixiert, an der Brücke Chinevat, und wacht über den Abgrund, aus dem Ahriman kommt.

Als Ormazd diese Vorbereitungen in den Himmeln vollendet hatte, ging das erste der vier Zeitalter zu Ende, und Ahriman sah aus den düsteren Tiefen seines Reiches, was Ormazd getan hatte. Im Gegensatz zu dieser lichten Schöpfung schuf er eine Welt der Finsternis, eine schreckliche Gemeinschaft, die den Wesen des Lichts an Zahl und Macht ebenbürtig war. Ormazd, der all das Elend kannte, das Ahriman verursachen würde, und doch wusste, dass der Sieg bei ihm selbst bleiben würde, bot Ahriman Frieden an; aber Ahriman wählte den Krieg. Doch geblendet von Ormazds Majestät und erschrocken vom Anblick der reinen Fravashis der heiligen Menschen, wurde er durch Ormazds starkes Wort besiegt und sank zurück in den Abgrund der Finsternis, wo er während der dreitausend Jahre der zweiten Periode gefesselt lag.

Ormazd vollendete nun seine Schöpfung auf der Erde. Sapandomad war der Schutzgeist der Erde, und die Erde war als Hethra die Mutter alles Lebendigen. Khordad war das Oberhaupt der Jahreszeiten, Jahre, Monate und Tage und auch der Beschützer des Wassers, das aus der Quelle Anduisur aus Albordj floss. Der Planet Tistrya war beauftragt, das Wasser in Dunst aufsteigen zu lassen, es in Wolken zu sammeln und als Regen fallen zu lassen, mit Hilfe des Planeten Sitavisa. Diese Wolkenzauberer wurden hoch verehrt. Amerdad war die allgemeine Gottheit der Vegetation; aber der große Mithra war der Gott der Fruchtbildung und Fortpflanzung in der gesamten organischen Welt; seine Aufgabe war es, die Fravashis zu den Körpern zu führen, die sie einnehmen sollten.

Alles Irdische in der Lichtwelt des Ormazd hatte seine Schutzgottheit. Diese Schutzgeister waren in Reihen und

Gruppen eingeteilt, hatten ihre Kapitäne und ihre dazugehörigen Assistenten. Die sieben Amshaspands (in Zend, Amĕsha-çpentas) waren das Haupt unter ihnen, von denen Ormazd der erste war. Die anderen sechs waren Bahman, der König des Himmels; Ardibehescht, der König des Feuers; Schariver, der König der Metalle; Sapandomad, die Königin der Erde; Amerdad, der König der Pflanzen; und Khordad, der König des Wassers.

So endete das zweite Zeitalter. In ihm hatte Ormazd auch den großen Urstier geschaffen, in dem als Vertreter der Tierwelt die Samen aller Lebewesen deponiert wurden.

Während Ormazd so seine Lichtschöpfung vollendete, schuf Ahriman in seinem dunklen Abgrund eine entsprechende Schöpfung der Finsternis, indem er für jedes von Ormazd geschaffene gute Wesen ein entsprechendes böses Wesen schuf. Diese Geister der Nacht standen in ihren Reihen und Ordnungen, mit ihren sieben vorsitzenden bösen Geistern oder Daêvas, die den Amshaspands entsprechen.

Als die umfangreichen Vorbereitungen für diesen großen Krieg abgeschlossen waren und das Ende des zweiten Zeitalters nahte, wurde Ahriman von einem seiner Daêvas gedrängt, den Konflikt zu beginnen. Er zählte sein Heer, aber da er darin nichts fand, was er den Fravashis der guten Menschen entgegensetzen konnte, sank er niedergeschlagen zurück. Schließlich lief das zweite Zeitalter ab, und Ahriman sprang nun ohne Furcht in die Höhe, denn er wusste, dass seine Zeit gekommen war. Sein Heer folgte ihm, aber nur ihm gelang es, den Himmel zu erreichen; seine Truppen blieben zurück. Ein Schauer überlief ihn, und er sprang in Gestalt einer Schlange vom Himmel auf die Erde, drang in ihr Zentrum ein und drang in alles ein, was er auf ihr fand.

Er drang in den Urstier und sogar in das Feuer, das sichtbare Symbol Ormazds, ein und verunreinigte es mit Rauch und Dunst. Dann griff er den Himmel an, und ein Teil der Sterne befand sich bereits in seiner Gewalt und war in Rauch und Nebel gehüllt, als er von Ormazd, unterstützt von den Fravashis der heiligen Menschen, angegriffen wurde; und nach neunzig Tagen und neunzig Nächten wurde er vollständig besiegt und mit seinen Truppen in den Abgrund von Duzakh zurückgetrieben.

Aber dort blieb er nicht, denn mitten durch die Erde baute er einen Weg für sich und seine Gefährten und lebt nun auf der Erde zusammen mit Ormazd, gemäß dem Dekret des Unendlichen.

Die Zerstörung, die er in der Welt anrichtete, war schrecklich. Doch je mehr Böses er zu tun versuchte, desto mehr erfüllte er unwissend die Ratschläge des Unendlichen und beschleunigte die Entwicklung des Guten. So drang er in den Stier, das ursprüngliche Tier, ein und verletzte ihn so, dass er starb. Als er aber starb, kam aus seiner rechten Schulter Kaiomarts, der erste Mensch, und aus seiner linken Goshurun, die Seele des Stieres, der nun der Schutzgeist des Tiergeschlechts wurde. Auch das ganze Reich der reinen Tiere und Pflanzen kam aus dem Körper des Stiers. Voller Wut schuf Ahriman nun die unreinen Tiere, für jedes reine Tier ein unreines. So schuf Ormazd den Hund, Ahriman den Wolf; Ormazd alle nützlichen Tiere, Ahriman alle schädlichen; und so auch die Pflanzen.

Aber Kaiomarts, dem Urmenschen, hatte Ahriman nichts entgegenzusetzen, und so beschloss er, ihn zu töten. Kaiomarts war sowohl Mann als auch Frau, aber durch seinen Tod entstand aus ihm das erste Menschenpaar; aus seinem Körper wuchs ein Baum, der zehn Männer- und Frauenpaare trug. Meschia und Meschiane waren die ersten. Sie waren ursprünglich unschuldig und für den Himmel geschaffen und verehrten Ormazd als ihren Schöpfer. Doch Ahriman führte sie in Versuchung. Sie tranken Milch von einer Ziege und verletzten sich dadurch. Dann brachte Ahriman ihnen eine Frucht, sie aßen sie und verloren hundert Teile ihres Glücks, so dass nur noch einer übrig blieb. Die Frau war die erste, die den Daêvas opferte. Nach fünfzig Jahren bekamen sie zwei Kinder, Siamak und Veschak, und starben hundertjährig. Für ihre Sünden bleiben sie bis zur Auferstehung in der Hölle.

Das Menschengeschlecht, das also durch die Sünde seiner ersten Eltern sterblich und elend geworden war, nahm dennoch eine hochinteressante Stellung ein. Der Mensch steht in der Mitte zwischen den beiden Welten des Lichts und der Finsternis und ist seinem eigenen freien Willen überlassen. Als Geschöpf Ormazds kann und soll er ihn ehren und ihm im Kampf gegen das Böse beistehen; aber Ahriman und seine Daêvas umgeben ihn Tag und Nacht und versuchen, ihn in die Irre zu führen, um dadurch die Macht der Finsternis zu vergrößern. Er wäre gar nicht in der Lage, diesen Versuchungen zu widerstehen, denen schon seine ersten Eltern erlegen waren, hätte sich Ormazd nicht seiner erbarmt und ihm eine Offenbarung seines Willens im Gesetz Zarathustras gesandt. Wenn er diese Gebote befolgt, ist er vor den Daêvas sicher und steht unter dem unmittelbaren Schutz Ormazds. Der Kern des Gesetzes ist das Gebot: "Denke rein, sprich rein, handle rein." Alles, was von Ormazd kommt, ist rein, was von Ahriman kommt, ist unrein; und die körperliche Reinheit hat den gleichen Wert wie die moralische Reinheit. Daher die Vielzahl und Winzigkeit der Vorschriften zur körperlichen Reinheit. In der Tat dreht sich der gesamte liturgische Gottesdienst stark um diesen Punkt.

Die Fravashis der Menschen, die ursprünglich von Ormazd geschaffen wurden, werden im Himmel, in Ormazds Reich des Lichts, aufbewahrt. Aber sie müssen vom Himmel kommen, um mit einem menschlichen Körper vereint zu werden und in dieser Welt einen Weg der Bewährung zu gehen, der "Weg der zwei Schicksale" genannt wird. Diejenigen, die sich in dieser Welt für das Gute entschieden haben, werden nach dem Tod von guten Geistern empfangen und unter dem Schutz des Hundes Sura zur Brücke Chinevat geführt; die Bösen werden von den Daêvas dorthin gezerrt. Hier hält Ormazd ein Tribunal ab und entscheidet über das Schicksal der Seelen. Die Guten gehen über die Brücke in die Wohnsitze der Seligen, wo sie von den Amshaspands mit Jubel empfangen werden; die Bösen stürzen in den Golf von Duzahk, wo sie von den Daêvas gequält werden. Die Dauer der Strafe wird von Ormazd festgelegt, und einige werden durch die Gebete und Fürbitten ihrer Freunde früher erlöst, aber viele müssen bis zur Auferstehung der Toten bleiben.

Ahriman selbst bewirkt diese Vollendung, nachdem er während der letzten dreitausend Jahre große Macht über die Menschen ausgeübt hat. Er schuf sieben Kometen (im Gegensatz zu den sieben Planeten), die ihre zerstörerischen Bahnen durch den Himmel zogen und alle Dinge mit Gefahr und alle Menschen mit Schrecken erfüllten. Aber Ormazd stellte sie unter die Kontrolle seiner Planeten, um sie zu bändigen. Das werden sie auch weiterhin tun, bis sich auf Anordnung des Unendlichen am Ende der letzten Periode einer der Kometen von seinem Wächter, dem Mond, löst und auf die Erde stürzt und eine allgemeine Feuersbrunst verursacht. Aber vorher wird Ormazd seinen Propheten Sosioçh senden und die Bekehrung der Menschheit herbeiführen, der die allgemeine Auferstehung folgen wird.

Ormazd wird die Gebeine der Menschen neu mit Fleisch bekleiden, und Verwandte und Freunde werden sich wieder erkennen. Dann kommt die große Trennung der Gerechten von den Sündern.

Wenn Ahriman den Kometen auf die Erde fallen lässt, um seine Zerstörungswut zu befriedigen, dient er in Wirklichkeit dem Unendlichen Wesen gegen seinen eigenen Willen. Denn die durch diesen Kometen verursachte Feuersbrunst wird die ganze Erde in einen Strom wie geschmolzenes Eisen verwandeln, der sich ungestüm in das Reich Ahrimans ergießt. Alle Wesen müssen nun durch diesen Strom hindurch: für die Gerechten wird er sich wie warme Milch anfühlen, und sie werden zu den Wohnungen der Gerechten hindurchgehen; aber alle Sünder werden von dem Strom in den Abgrund von Duzahk mitgerissen werden. Hier werden sie drei Tage und Nächte brennen, dann, gereinigt, werden sie Ormazd anrufen und in den Himmel aufgenommen werden.

Danach werden Ahriman selbst und alle im Duzahk durch dieses Feuer gereinigt, alles Böse wird verzehrt und alle Dunkelheit verbannt.

Aus dem erloschenen Feuer wird eine schönere, reinere und vollkommenere Erde hervorgehen, die dazu bestimmt ist, ewig zu sein.

Nachdem wir diese Darstellung des Pârsî-Systems in seiner späteren Entwicklung gegeben haben, wollen wir sagen, dass es weder eine Erfindung von Zarathustra noch von irgendjemand anderem war. Religionen werden nicht erfunden: Sie wachsen. Sogar die Religion Mohammeds wuchs aus vorher existierenden Glaubensvorstellungen heraus. Der Gründer einer Religion erfindet sie nicht, sondern gibt ihr eine Form. Sie kristallisiert sich um seine eigenen tieferen Gedanken herum. So hatte zur

Zeit Zarathustras die volkstümliche Vorstellungskraft die Natur mit Kräften und Erscheinungen gefüllt, ihnen Namen gegeben und sie in den Himmel gestellt. Denn, wie Schiller sagt:-

'Es ist nicht bloß

Des Menschen Stolz, der den Raum bevölkert

Mit Leben und mystischer Vorherrschaft;

Denn auch für das geplagte Herz der Liebe,

Diese sichtbare Natur und diese niedere Welt

Sind nur allzu gemeinsam."

Zarathustra ordnete die bereits existierenden Mythen in einen klareren Gedanken und inspirierte sie mit moralischen Ideen und Lebenskraft.

§ 8. Die Beziehung der Religion des Zend Avesta zu der der Veden.

Dass die vedische Religion und die des Avesta aus einer früheren arischen Religion hervorgingen, die in ihrem zentralen Element monotheistisch war, aber die Tendenz hatte, die Gottheit in die Natur einzutauchen, scheint aus den Untersuchungen von Pictet und anderen Gelehrten hervorzugehen. Diese primitive Religion der arischen Rasse spaltete sich früh in zwei Richtungen ab, die durch den Veda und den Avesta repräsentiert werden. Beide haben jedoch viel mit der anderen gemeinsam. Die Namen der Mächte, Indra, Sura, Naoghaithya, finden sich in beiden Systemen. Im Veda sind sie Götter, im Avesta böse Geister. Indra, der im Rig-Veda als eine der höchsten Gottheiten verehrt wird, erscheint im Avesta als ein böses Wesen. Sura (Çura), einer der ältesten Namen Shivas, wird im Avesta ebenfalls als Daêva oder Tau denunziert und bekämpft. Und der dritte (Nâoghaithya, Nâouhaiti), ebenfalls ein böser Geist im Avesta, ist der Nâsatya des Veda, einer der Açvinas oder Zwillinge, die der Morgenröte vorausgehen. Die Taue oder Daêvas des Avesta sind Dämonen, in den Veden sind sie Götter. Andererseits sind die Ahuras oder Götter des Avesta im vedischen Glauben Asuras oder Dämonen. Das ursprüngliche Land der Rasse wird in den Gesetzen des Manu (II. 22) Aryavesta genannt, und Aryana-Vaêjo im Avesta. Der Gott der Sonne wird in beiden Religionen Mithra oder Mitra genannt. Der Yima des Pârsî-Systems ist ein glücklicher König; der Yama der Hindus ist ein strenger Richter in den Reichen des Todes. Der Hund ist im indischen System verhasst, in dem von Zarathustra ein Gegenstand der Verehrung. Beide Religionen fürchten Verunreinigungen durch die Berührung von Leichen. In beiden Systemen wird das Feuer als göttlich angesehen. Aber die auffälligste Analogie findet sich vielleicht in der Verehrung, die beide dem berauschenden vergorenen Saft der Pflanze Asclepias acida entgegenbringen, der im Sanskrit Soma und im Zend Haŏma genannt wird. Die Identität des Haŏma mit dem indischen Soma ist seit langem erwiesen. Der gesamte Sáma-Veda ist dieser Mondpflanzenverehrung gewidmet; ein wichtiger Teil des Avesta ist mit Hymnen an Haŏma belegt. Diese große Verehrung, die der gleichen Pflanze wegen ihrer berauschenden Eigenschaften entgegengebracht wird, führt uns zurück in eine Region, in der die Rebe unbekannt war, und zu einem Volk, für das der Rausch eine so neue Erfahrung war, dass er wie ein Geschenk der Götter erschien. Er schien Weisheit zu schenken, Gesundheit, gesteigerte körperliche und geistige Kraft, langes Leben, Sieg im Kampf, strahlende Kinder. Was Bacchus für die Griechen war, war dieses göttliche Haŏma oder Soma für die primitiven Arier.

Es scheint also, dass die beiden Religionen, die vom selben Punkt ausgingen und einen gemeinsamen Bestand an primitiven Traditionen hatten, schließlich zueinander sagten: "Eure Götter sind meine Dämonen." Der Gegensatz war gegenseitig. Der Dualismus der Perser war den Hindus zuwider, während das Fehlen eines tiefen moralischen Elements im vedischen System den feierlichen Puritanismus Zarathustras schockierte. Die Religion der Hindus war der Traum, die der Perser der Kampf. Zwischen ihnen konnte es nicht mehr Gemeinsamkeit geben als zwischen einem Quäker und einem Calvinisten.

§ 9. Ist die Lehre des Zend Avesta Monotheismus oder reiner Dualismus?

Wir finden im Avesta, und zwar im ältesten Teil davon, die Tendenzen, die später zu den ausgefeilten Theorien des Bundehesch führten. In der Vendidad (XIX. 33,44,55) finden wir den Zeârna-Akerana - "die unendliche Zeit" oder "die allumfassende Zeit" - als Schöpfer von Ahriman, wie es in einigen Übersetzungen heißt. Spiegel betrachtet dieses höchste Wesen, das sowohl über Ormazd als auch Ahriman steht, als nicht zur ursprünglichen persischen Religion gehörend, sondern als aus semitischen Quellen entlehnt. Aber wenn das so ist, dann ist Ormazd das höchste und ungeschaffene Wesen und der Schöpfer aller Dinge. Warum hat Ormazd dann ein Fravashi, ein Urbild? Und in diesem Fall muss er entweder selbst Ahriman erschaffen haben, oder Ahriman ist so ewig wie er; letztere Annahme stellt uns vor einen absoluten, unversöhnlichen Dualismus. Die bessere Meinung scheint daher zu sein, dass hinter den beiden gegensätzlichen Mächten des Guten und des Bösen, der These und der Antithese des sittlichen Lebens, der undurchsichtige Hintergrund des ursprünglichen Seins bleibt, die Identität der beiden, aus der beide hervorgegangen sind und in deren Abgrund beide zurückkehren werden.

Diese große Vollendung wird auch dadurch angedeutet, daß in demselben Fargard der Vendidad (XIX. 18) der zukünftige Wiederhersteller oder Erlöser erwähnt wird, Sosioçh (Çaoshyançh), von dem die Pârsîs erwarten, daß er am Ende aller Dinge kommt, die Auferstehung vollendet und ein Reich ungetrübten Glücks einführt. Ob die Auferstehung zur primitiven Form der Religion gehört, bleibt so zweifelhaft, aber auch so wahrscheinlich, wie Mr. Alger die ganze Frage in seiner bewundernswerten Monographie über die Lehre vom zukünftigen Leben erörtert hat. Unsere verbliebenen Fragmente des Zend Avesta sagen nichts über die Zeiträume von dreitausend Jahren aus. Zwei oder drei Stellen im Avesta beziehen sich auf die Auferstehung. Aber der Konflikt zwischen Ormazd und Ahriman, der gegenwärtige Kampf zwischen Gut und Böse, die ideale Welt der Fravashis und der guten Geister, all dies gehört zweifellos zum ursprünglichen Glauben.

§ 10. die Beziehung dieses Systems zum Christentum. Das Königreich des Himmels.

Von diesem System wollen wir abschließend sagen, dass es in mancher Hinsicht dem Christentum näher kommt als jedes andere. Und obwohl es schon so lange tot ist, wie die große Nation, deren Inspiration und Leben es war, und obwohl es vom Mohammedanismus hinweggefegt wurde, bleibt sein Einfluss bestehen und hat sowohl das Judentum als auch das Christentum durchdrungen. Das Christentum hat wahrscheinlich über das Judentum seine Lehre von Engeln und Teufeln und seine Tendenz, das Böse in der Welt als ständigen und gleichberechtigten Gegner des Guten zu etablieren, von ihm übernommen. Ein Bild wie das von Retzsch über das Schachspiel des Teufels mit dem jungen Mann um seine Seele, ein Bild wie das von Guido über den Konflikt zwischen Michael und Satan, Gedichte wie Miltons Paradise Lost und Goethes Faust wären vielleicht nie in der Christenheit erschienen, wenn nicht das System Zarathustras auf das jüdische und über das jüdische auf das christliche Denken Einfluss genommen hätte. Erst nach der Rückkehr aus Babylon wurden der Teufel und die Dämonen, die mit den Menschen in Konflikt stehen, Teil der Gesellschaft der geistigen Wesen in der jüdischen Mythologie. Vorher gab es zwar Engel als Boten Gottes, aber keine Teufel; denn bis dahin regierte eine absolute Vorsehung die Welt, die jede Einmischung antagonistischer Mächte ausschloss. Satan ist in Hiob ein Engel Gottes, kein Teufel; er verrichtet zwar eine niedrige Arbeit, eine Art kritisches Geschäft, sucht nach

Fehlern und Schwächen bei den Heiligen, ist aber dennoch ein Engel und kein Teufel. Aber nach der Gefangenschaft erweiterte sich der Horizont des jüdischen Denkens, und es nahm die Vorstellung auf, dass Gott den Menschen und den Engeln Freiheit gewährt und somit sowohl dem Bösen als auch dem Guten seinen Lauf lässt. Und dann kam auch die Vorstellung von einem zukünftigen Leben und einer Auferstehung zum endgültigen Gericht hinzu. Man hat mit gutem Grund angenommen, dass diese Lehren durch den Einfluss des großen Systems von Zarathustra zu den Juden gekommen sind.

Es besteht jedoch kein Zweifel daran, dass die jüdischen Propheten durch ihren großen Schlachtruf an die Nation für Recht und Unrecht und ihre ungebrochene Überzeugung von einer endgültigen Wiederherstellung aller guten Dinge bereits einen Berührungspunkt und eine Verbindung zu diesem System hergestellt hatten. Aber die Juden fanden im persischen Glauben auch diejenige Religion, die ihrer eigenen am ähnlichsten war, da sie keine Götzen und keine Anbetung außer der des Unsichtbaren kannte. Sonne und Feuer waren seine Symbole, aber er selbst war hinter dem glorreichen Schleier des Seins verborgen. Und es scheint, als ob die Juden diese Unterstützung durch ein anderes Volk, das den Götzendienst ebenfalls hasste, brauchten, bevor sie sich wirklich über ihre Neigung zum Rückfall in den Götzendienst erheben konnten. "Durch den Mund zweier Zeugen" wurde die geistliche Anbetung Gottes begründet, und erst als Zarathustra die Hand Moses nahm, hörten die Juden auf, Götzendiener zu sein. Nach der Rückkehr aus der Gefangenschaft verschwindet diese Tendenz gänzlich.

Aber ein tieferer und wesentlicherer Punkt der Übereinstimmung liegt im besonderen praktischen

Charakter der beiden Systeme, die das Leben als einen Kampf zwischen Recht und Unrecht betrachten, der von einer Gemeinschaft guter Menschen im Kampf gegen schlechte Menschen und schlechte Prinzipien geführt wird.

Wenn wir das Neue Testament lesen, sehen wir vielleicht nicht immer, wie sehr sich das Christentum um die Formulierung und die dahinter stehende Idee eines "Himmelreichs" dreht. Die Seligpreisungen beginnen mit "Selig sind die Armen im Geiste, denn ihrer ist das Himmelreich". Sowohl Johannes der Täufer als auch Christus verkünden, dass das Himmelreich nahe ist. Die Gleichnisse drehen sich um dieselbe Idee des "Reiches", das zuerst mit diesem und dann mit jenem verglichen wird; und so haben wir, wenn wir in die Briefe übergehen, das "Reich der Himmel" immer noch als die führende Vorstellung des Christentums. "Das Reich Gottes ist weder Speise noch Trank" - so lauten die gängigen Ausdrücke.

Die eigentümliche Vorstellung vom Messias ist auch die vom König, dem Gesalbten, dem Haupt dieser göttlichen Monarchie. Wenn wir Jesus den Christus nennen, wiederholen wir diese alte Vorstellung vom Reich Gottes unter den Menschen. Er selbst hat es akzeptiert; er nannte sich selbst den Christus. "Du sagst", sagte er zu Pilatus, "dass ich ein König bin. Dazu bin ich geboren, und dazu bin ich in die Welt gekommen, dass ich für die Wahrheit Zeugnis ablegen soll."

Durch das ganze Altertum zog sich die Sehnsucht nach einer Gemeinschaft oder Vereinigung der Weisen und Guten, um Wahrheit und Gerechtigkeit in der Welt durchzusetzen. Die Tendenz des Irrtums ist es, zu spalten; die Tendenz der Selbstsucht ist es, zu trennen. Nur das Gute und die Wahrheit sind zu wirklicher Gemeinschaft, gegenseitiger Durchdringung und damit zu organischem Leben und Wachstum fähig. Das ist ihre Stärke, Macht und Hoffnung. Daher all die Bemühungen um gemeinsames Handeln in der Antike, wie das Kollegium des Pythagoras, die ideale Republik Platons, das spartanische Gemeinwesen, die Gemeinschaften der Essener, die klösterlichen Einrichtungen Asiens und Europas; und daher auch die modernen Versuche im Protestantismus, von Fourier, den Moravians, den Shakers, Saint-Simon, Robert Owen und anderen.

Aber bei den Juden erschien dieser Wunsch zuerst in ihrer nationalen Organisation als theosophische und theokratische Gemeinschaft und später, als diese zerbrach und die Nation gespalten war, in einer größeren prophetischen Hoffnung auf die messianischen Zeiten. Der menschliche Geist neigt dazu, einen Führer zu suchen, wenn er sieht, dass ein großes Werk getan werden muss. So suchte die jüdische Hoffnung nach einem Führer. Ihr wahrer König sollte kommen, und unter ihm sollten Frieden und Gerechtigkeit herrschen, und das Himmelreich sollte auf Erden beginnen. Es sollte auf der Erde sein. Es sollte hier und jetzt sein. Und so warteten sie und sehnten sich.

In der Zwischenzeit wurde in der persischen Religion die Saat der gleichen Hoffnung gesät. Auch dort bestand das Werk des Lebens darin, eine Gemeinschaft von guten Menschen und guten Engeln gegen böse Menschen und Teufel zu vereinen und so ein Himmelreich zu schaffen. Lang und hart sollte der Kampf sein, aber der Sieg würde am Ende sicher sein. Und sie suchten auch nach einem Sosioch oder Vermittler, der das sein sollte, was der Messias für die Juden sein sollte. Und hier war der tiefe und reale Punkt der Vereinigung zwischen den beiden Religionen; und dies macht die tiefe Bedeutung der

Geschichte von dem Stern aus, der im Osten gesehen wurde und der die Weisen von Zarathustra zur Wiege Christi führte.

Jesus kam, um der Messias zu sein. Er erfüllte diese große Hoffnung, wie er auch andere erfüllte. Sie erfüllte sich nicht im Sinne einer buchstabengetreuen Erfüllung einer Prophezeiung, sondern in dem Sinne, dass die Prophezeiung auf ihren höchsten Punkt gebracht und so mit Wahrheit und Wert erfüllt wurde. Der erste und wichtigste Zweck des Christentums war nicht, die Seelen der Menschen im Jenseits zu retten, wie die Kirche oft gelehrt hat, sondern hier, auf der Erde und in der Zeit, ein Himmelreich zu gründen. Es sollte nicht sagen: "Siehe hier!" oder "Siehe dort!", sondern: "Jetzt ist die Zeit erfüllt"; "das Reich Gottes ist mitten unter euch". Indem er auf diese Weise die zentrale Idee seiner nationalen Religion weiterführte und zu ihrem höchsten Punkt entwickelte, machte sich Jesus zum wahren Christus und erfüllte alle Prophezeiungen. Vielleicht müssen wir jetzt zu dieser Vorstellung vom Himmelreich hier unten und von Jesus, dem gegenwärtigen König, zurückkehren - gegenwärtig, weil er immer noch die Wahrheit bezeugt. Die Christen müssen aufhören, das Christentum nur als ein Mittel zu betrachten, um einer zukünftigen Hölle zu entkommen und in einen zukünftigen Himmel zu kommen. Sie müssen jetzt mehr denn je zeigen, dass durch den Zusammenschluss von liebenden und wahrhaftigen Herzen Gott hierher kommt, die Unsterblichkeit hier beginnt und der Himmel über uns liegt. Den guten Kampf der Gerechtigkeit und der Wahrheit zu kämpfen, wie die Jünger Zarathustras ihn zu kämpfen versuchten, das ist immer noch das wahre Werk des Menschen; und einen Zusammenschluss derer zu bilden, die so für das Gute gegen das Böse kämpfen wollen, das ist immer noch die wahre Kirche Christi.

Die alte Religion Zarathustras ist gestorben, straff wie das Weizenkorn, das, wenn es stirbt, viel Frucht bringt.

Eine kleine Schar von Pârsîs lebt heute noch in Persien und eine andere in Indien, Jünger dieses ehrwürdigen Glaubens. Sie sind ein gutes, moralisches und fleißiges Volk. Einige von ihnen sind sehr wohlhabend und sehr großzügig. Bis zu den großen Spenden von Mr. George Peabody hatte niemand so viel für öffentliche Zwecke gespendet wie Sir Jamsetjee Jeejeeboy, der vor einigen Jahren anderthalb Millionen Dollar für Krankenhäuser, Schulen und Wohltätigkeitsorganisationen gespendet hat. Während unserer Rebellion schickten einige der Pârsîs aus Sympathie für die Sache der Freiheit und der Union Geschenke an die Sanitärkommission.

Wer kann die Macht eines einzelnen Lebens ab-schätzen? Von Zarathustra wissen wir weder den wahren Namen, noch wann er lebte, noch wo er lebte, noch was genau er lehrte. Aber der Strom aus dieser Quelle ist seit Tausenden von Jahren weitergeflossen und hat aus seinen verborgenen Quellen die Seelen der Menschen befruchtet und durch den Beschluss der göttlichen Vorsehung zum endgültigen Triumph des Guten über das Böse, des Rechts über das Unrecht beigetragen.